W0363226

NASR EDDIN HODJA UN DRÔLE D'IDIOT

Raconté par Jean-Louis Maunoury
Illustré par Henri Galeron

møtus

**Publié avec le concours
du Centre Régional des Lettres de Basse-Normandie,
du Conseil Général de la Manche et de la ville de Cherbourg**

© **møtus**, 1996
Landemer 50460 Urville-Nacqueville
N° ISBN : 2-907354-42-6
Dépôt légal à parution

AVANT-PROPOS

Nasr Eddin est un idiot, mais quel genre d'idiot ? Est-il un vrai idiot dont on se moque ? Fait-il semblant de l'être pour tromper ceux qu'il rencontre ? Ou bien encore se sert-il de son idiotie pour montrer aux gens qu'en réalité les idiots... ce sont eux ! Il est un peu tout cela en même temps : naïf et rusé, savant et ignorant, bon et cruel. En réalité, c'est un fou sage qui nous apprend la vie en nous faisant rire de lui, de nous et de tout.

Depuis des siècles, en Turquie, en Iran (l'ancienne Perse) et dans beaucoup d'autres pays d'Orient, ses histoires enchantent les grands et les petits, et là-bas on lui donne le titre de Hodja, ce qui veut dire "maître".

A-t-il vraiment existé ? On peut en douter, même si on le voit souvent aux prises avec le célèbre et féroce conquérant tartare Timour Leng qui vécut au 14ème siècle. Mais peu importe : même s'il n'a jamais existé, il est toujours vivant et il a encore beaucoup à nous enseigner.

Voici, parmi des centaines d'autres, quelques-unes de ses plaisanteries.

LA HONTE

Croyant Nasr Eddin absent, un homme s'est intoduit chez lui pour lui dérober les quelques objets de valeur qu'il pourrait trouver. Il fouille un peu partout en vain jusqu'au moment où il ouvre la porte de l'armoire de la chambre. Il est très étonné et effrayé d'y découvrir le Hodja.

- Mais que fais-tu là, Nasr Eddin ? Tu n'es pas au marché ?

- Eh bien... non, dit le Hodja qui n'en mène pas large lui non plus, je fais la grasse matinée...

- Moi, j'étais juste entré pour boire un peu d'eau, reprend l'autre.

- Non, ne me raconte pas d'histoires, je sais que tu es un voleur, et quand je t'ai entendu entrer, je me suis caché tellement j'avais honte.

- Honte de quoi ?

- Eh bien... qu'il n'y ait rien chez moi à voler.

TROIS SECRETS POUR ENTRER DANS LA VIE

Lorsqu'il était tout jeune homme, Nasr Eddin pendant un temps gagna sa vie comme porteur au bazar.

Un jour, un marchand l'appelle :

- Dis donc, toi là-bas, arrive ici. Tu vois cette caisse de vaisselle ? Porte-la à mon magasin.

- Combien me paieras-tu ?

- A ton âge, mon garçon, on n'a pas besoin d'argent. Pour prix de ta peine, je te livrerai trois secrets qui t'aideront à partir dans la vie d'un bon pied.

Nasr Eddin se dit que cet homme déjà assez âgé connaît sûrement des choses importantes et il accepte. Les voilà donc partis, Nasr Eddin devant, ployant sous l'énorme caisse, et le marchand derrière.

Après avoir parcouru une certaine distance, Nasr Eddin commence à fatiguer et il demande :

- Voudrais-tu me livrer dès maintenant un de tes secrets ? Ça m'encouragerait.

- Soit, répond le marchand, je te fais une avance : si on te dit que deux et deux font cinq, n'en crois rien.

- Je te remercie du fond du coeur. Voilà qui va me donner des ailes.

Et les voilà repartis. Mais un peu plus loin :

- Livre-moi donc ton deuxième secret, je t'en prie, je n'en peux plus...
- Le voici : si on te dit que la neige nourrit mieux que le pain, n'en crois rien.

Et finalement Nasr Eddin arrive à destination, en haut de l'escalier du magasin, complètement épuisé.

- Tu as bien mérité ton salaire, le félicite le propriétaire. Voici donc mon troisième secret: si on te dit que je suis un menteur, n'en crois surtout rien.

A ces mots Nasr Eddin lâche son chargement qui va se fracasser au bas des marches dans un bruit fantastique de vaisselle brisée:

- Écoute bien mon secret à moi, dit Nasr Eddin: si on te dit que ta vaisselle est intacte, n'en crois rien !

UN COMMERÇANT PRUDENT

Nasr Eddin se rend au marché pour y vendre les morceaux du mouton qu'il a tué la veille. A peine a-t-il mis en place son étal qu'il se met à crier:
- Voyez mes courgettes toutes fraîches ! Voyez mes tomates !

Une femme se présente bien vite et découvre avec surprise que le Hodja expose une marchandise bien différente de celle qu'il annonce si fort.
- Par Allah, Nasr Eddin ! Tu me parais faire un drôle de marchand !
- Pourquoi donc ? s'étonne-t-il. Je me comporte au contraire en homme prudent.
- Je ne te comprends pas : d'un côté tu trompes ceux qui, comme moi, désirent des légumes, et de l'autre, tu te prives de la clientèle qui veut de la viande. Je crains bien qu'au total tu ne vendes rien du tout !
- Le problème n'est pas que je vende ou non, répond le Hodja. Il y a que si je crie que j'ai du mouton, tous les chats du quartier vont rappliquer et se jeter dessus.

L' INTELLIGENCE DE L'OIE

Nasr Eddin vient de voler une oie dans une basse-cour. Il l'enfouit tout entière sous son grand manteau, et il fuit bien vite en courant. Mais la bête étouffe là-dessous et elle réussit bientôt en se débattant à sortir la tête. Furieuse, elle essaie de becqueter le Hodja en soufflant très fort : "chûûût chûûût chûûût ..."

- Moi qui croyais que les oies étaient des idiotes ! murmure le Hodja en lui refourrant la tête dedans. Et voilà que celle-ci dit exactement ce que j'étais en train de penser de moi-même !

LE POURBOIRE

On vient de construire un nouveau hammam, beaucoup plus beau que l'ancien paraît-il, et Nasr Eddin veut y aller.

Les deux garçons de bain ne se montrent pas empressés avec ce client pauvre et mal habillé. Ils bâclent littéralement leurs soins, tout en se cachant à peine de rire du gros ventre du bonhomme. Aussi sont-ils très agréablement surpris qu'en partant il leur laisse à chacun un beau pourboire.

Dès le lendemain, Nasr Eddin y retourne et il est alors accueilli comme un prince. On le lave soigneusement, on le masse, on le frictionne avec les herbes, on lui applique les boues chaudes, on le parfume... Les deux garçons ne savent plus quoi faire pour satisfaire ce riche client. Ils sont donc très déçus qu'il leur laisse seulement une misérable petite pièce de monnaie dont même un mendiant ne voudrait pas.

- Ô Seigneur, nous ne comprenons pas ton mécontentement. Ne t'avons-nous pas bien traité ?

- Vous m'avez traité à merveille, leur répond le Hodja, mais il y a une chose que vous ne comprenez pas : le pourboire d'aujourd'hui, c'est pour hier, et le pourboire d'hier, c'était pour aujourd'hui.

UN RÉGIME RADICAL

Du temps que le Hodja s'exerçait à l'art de la médecine, un homme atteint d'obésité vient un jour le trouver :

- Par Allah ! Nasr Eddin, vois de quelle triste maladie je suis accablé. Regarde ce ventre énorme. C'est tout juste si je peux respirer. De grâce, donne-moi un remède...

- Hélas, lui répond le Hodja, je ne peux rien pour toi. Ta maladie est incurable. Tu seras mort avant un mois.

L'homme rentre chez lui, saisi d'une angoisse terrible et pensant que désormais il lui faut se consacrer au repos futur de son âme. Nuit et jour, il se met à prier avec tant de ferveur qu'il en oublie complètement le boire et le manger.

Mais au bout d'un mois, il est toujours vivant. Le médecin l'a donc trompé. Alors il court à toute vitesse chez le Hodja, en proie à une grande colère :

- Escroc ! Charlatan ! Fils de chien ! Par ta faute, j'ai vécu un mois entier dans l'angoisse pour rien !

- Pour rien? s'étonne Nasr Eddin. Mais regarde donc ton ventre, imbécile ! Et n'oublie pas de me payer !

NASR EDDIN ET LA RIVIÈRE

Nasr Eddin a profité de cette belle journée d'automne pour aller pêcher dans la rivière. Ça mord presque à chaque coup de ligne et son panier se remplit bien vite de jolies ablettes toutes frétillantes qui seront un régal.

En fin de matinée, fatigué et trouvant qu'il en a assez, il va faire un peu de sieste sous un arbre.

C'est le moment qu'attendaient deux jeunes garçons cachés non loin derrière un buisson. Ils s'approchent doucement, déversent le contenu du panier dans un panier à eux et puis ils s'enfuient au plus vite.

Lorsque le Hodja revient sur le bord pour prendre ses poissons et rentrer chez lui, il constate aussitôt leur disparition. Il s'adresse alors, très mécontent, à la rivière :

- Mais qu'est-ce que tu as à me regarder comme ça ? Je t'ai pris des poissons, tu me les a repris, alors nous sommes quittes, il me semble !

IL FAUT SE MÉFIER DES ÂNES

Nasr Eddin a été chargé de conduire dix ânes chez un marchand qui les a achetés à un éleveur.

Il monte sur l'un d'eux et le voilà parti, suivi docilement par le restant de la troupe.

Après avoir parcouru un peu de chemin, il veut s'assurer que tout son petit monde est bien là. Il se retourne et compte : il n'y en a plus que neuf ! (Naturellement, il n'a pas pensé à compter celui sur lequel il est monté.)

Etonné et inquiet, il met pied à terre et recompte plus soigneusement en leur donnant une tape à chacun sur la croupe, un, deux, trois, quatre ...

Il y en a bien dix. Rassuré, il remonte sur son âne et continue, mais le doute le travaille tout de même. Un peu plus loin, il recompte et la même chose se produit, que plusieurs autres expériences viendront confirmer au cours du trajet : quand il est monté sur une bête, il y en a neuf, et quand il met pied à terre, il y en a dix !

Il décide alors de finir à pied le chemin pour être sûr d'avoir le nombre exact.

Et c'est ainsi qu'il se trouve chez le marchand à la tombée de la nuit, couvert de poussière et rompu de fatigue :
- Ah, je commençais à m'inquiéter, lui dit l'homme soulagé. Tu aurais dû arriver pour midi. Enfin, l'essentiel est qu'ils soient bien là tous les dix.
- Oui, tous les dix, Allah soit loué, et ça n'a pas été sans mal. Je n'avais jamais fait ce métier d'ânier et il m'a fallu pas mal de temps pour comprendre ce qu'il y a avec les ânes. Ces animaux-là ont un comportement étrange.
- De quoi veux-tu parler ?
- Ah, tu ne sais pas ? Alors méfie-toi : quand on monte sur l'un d'eux, aussitôt il y en a un autre qui disparaît.

L'APPÉTIT D'UNE MOUCHE

Étant encore jeune homme, Nasr Eddin est embauché comme domestique par un riche propriétaire.

Un jour, celui-ci lui ordonne de préparer un pilaf pour ses invités.

Le moment venu, Nasr Eddin apporte le plat qu'il a cuisiné et il sert lui-même les convives mais soudain l'un d'eux se met à protester violemment car il vient de trouver dans sa portion une mouche !

Le patron de Nasr Eddin, humilié et furieux, apostrophe rudement son domestique :

- Dehors, imbécile, bon à rien ! Je te chasse...

- Ô maître, fait Nasr Eddin tout étonné, comme tu connais mal les mouches ! Celle-ci aurait été bien incapable de manger à elle seule une aussi grande quantité de riz.

COMMERCE EN TOUT GENRE

Nasr Eddin entre un jour chez un marchand qui semble vendre un peu de tout.

- Vends-tu du cuir ? demande le Hodja.

- Oui, j'en ai.

- Et des clous ?

- Oui, aussi.

- Et de la colle ?

- Également.

- Et du fil ?

- Bien sûr !

- Et des bottes ?

- Des bottes ! s'étonne le commerçant. Tu vois bien que je ne suis pas cordonnier !

- C'est cela justement que je n'arrive pas à comprendre, conclut Nasr Eddin.

UN RÊVE PASSE

Traversant une ville qui lui est inconnue, Nasr Eddin voit à l'étal d'un boulanger des pains d'une autre forme que chez lui, appétissants en tout cas.
- Tes pains sont bien beaux, le complimente le Hodja, mais sont-ils aussi bons ?
- Tu peux les acheter en toute confiance, le rassure le commerçant, ils sont aussi bons que beaux.
- Et trempés dans la crème fraîche, ils doivent être encore meilleurs ! poursuit le voyageur.
- Tu es un connaisseur, mais je te donne une autre recette : trempe-les dans du jaune d'œuf battu en y mettant un peu de sucre.
- Un peu de sucre dans lequel on broierait quelques amandes grillées, poursuit Nasr Eddin. Quel délice ce doit être ! Malheureusement, je n'ai pas de quoi acheter de la crème ni des œufs ni du sucre ni des amandes...
- Ça ne fait rien, lui dit le boulanger, tu peux très bien les manger tels quels.
- Certes, certes... fait le Hodja embarrassé, mais à vrai dire je n'ai pas non plus de quoi acheter du pain !

DÉNOMBREMENT

-Nasr Eddin, lui demande un jour un paysan, peux-tu me dire, toi qui es si savant, combien il y a d'étoiles dans le ciel.

- Non, je ne sais pas exactement.

- Crois-tu qu'on pourrait les compter ?

- Certainement.

- Pourquoi ne l'as-tu pas fait, alors ?

- Pour une raison très simple : le jour, elles ne sont pas là et la nuit, on n'y voit rien.

LA LANGUE ARABE

Nasr Eddin prétend qu'il a longuement voyagé en Arabie et que là-bas il a appris l'arabe.
- Cela tombe bien, lui dit un marchand qui l'écoute raconter ses aventures, car je dois me rendre pour affaires chez les Arabes et j'aimerais que tu m'apprennes quelques mots utiles. Par exemple, si je veux louer une caravane, comment dirai-je "chameau" ?
- Comme tu es prétentieux de choisir pour commencer une bête aussi importante dont les Arabes sont si fiers ! lui répond le Hodja. Plus petit, je te prie...
- Mouche alors, car il paraît que là-bas elles sont très agressives.
- Mais pourquoi tomber d'un extrême à l'autre? Les Arabes te chasseront si tu n'as pas davantage le sens de la mesure.
- Agneau alors...
- Oui, agneau, mais là tu n'as pas de chance car je suis parti d'Arabie juste au moment où les agneaux venaient de naître et on n'avait pas encore eu le temps de leur trouver un nom.

LES HOMMES ET LES FEMMES

Un après-midi, sur la place publique, un voyageur raconte à un groupe de badauds qu'il revient des lointains pays de l'Afrique Centrale, et il en décrit les curiosités et les merveilles.

- Là-bas, expose-t-il au moment où Nasr Eddin vient à passer, il fait si chaud que les gens ne portent aucun vêtement...

- Tu racontes des sornettes, lui lance le Hodja, ce que tu prétends est absolument impossible.

- Et pourquoi donc ? réplique l'autre. Ce sont des sauvages qui n'ont aucune pudeur.

- La pudeur n'a rien à faire là-dedans, poursuit Nasr Eddin.

- Eh bien alors ?...

- Eh bien alors, dis-nous donc, gros malin, comment ils s'y prennent pour reconnaître les hommes des femmes ?

LES POISSONS

Nasr Eddin fait un petit tour au bord de la rivière avec un ami.
- Oh, regarde, Hodja ! s'écrie tout à coup celui-ci. Regarde les jolis poissons !

Aussitôt Nasr Eddin se met à scruter tout autour, à droite, à gauche, en l'air...
- Mais là ! s'impatiente l'autre. Les poissons ! Dans l'eau !
- Ah, dans l'eau ! fait le Hodja. Tu n'avais qu'à le dire tout de suite au lieu de me laisser chercher pendant une heure !

IL FAUT S'HABITUER PEU À PEU

Étant tombé dans une grande pauvreté, Nasr Eddin vient chaque jour, depuis plusieurs semaines, se prosterner avec respect devant un vieux pan de mur, puis il s'écrie :

- Ô toi, je t'en prie, prête-moi mille dinars !

On se dit que Hodja a définitivement perdu la raison.

- Allons, finit par venir lui dire un de ses amis, cesse de te ridiculiser. Tu ne crois tout de même pas que ces pierres vont accéder à ta demande !

- Tu me prends pour un idiot à ce que je vois...

- Mais pourquoi viens-tu alors ?

- Je suis très pauvre, tu le sais, et j'essaie de m'habituer peu à peu aux refus.

COMMENT FAIRE LA FÊTE SANS ÊTRE INVITÉ

Un grand festin a été préparé par le cadi, auquel malheureusement Nasr Eddin n'a pas été invité.

Le moment venu, il s'y rend cependant. Il réussit à se glisser sans se faire remarquer dans la pièce où a lieu la fête et il va vite se cacher dans un coin sous une table.

Soudain, profitant d'un petit moment de silence dans le brouhaha des conversations et des rires, il crie :

- Ô Cadi, c'est à toi que je parle ! Espèce de vieux grippe-sou, avare du diable !

Le cadi, fouetté par l'insulte, dont il n'a pas repéré la provenance, proteste aussitôt pour faire bonne figure auprès de ses invités :

- Moi avare ! Par Allah le juste ! Ce festin n'est-il pas la preuve de ma générosité ?

- Ah, tu me rassures, fait alors Nasr Eddin en venant s'asseoir à sa table, cela m'étonnait de toi.

UNE BELLE PLANTATION

Nasr Eddin met beaucoup de soins à tenir son crâne bien rasé et lisse sous son turban.

Le voici donc installé chez son barbier habituel mais il a affaire aujourd'hui à un apprenti maladroit qui ne cesse de l'écorcher avec le rasoir et qui, pour éponger le sang, doit lui poser sur la tête des petits morceaux de coton.

Soudain, Nasr Eddin se lève et il se dirige vers la sortie.

- Où vas-tu, Hodja ? lui demande le garçon. Je n'ai pas fini.

- Une moitié de tête plantée de coton, c'est déjà bien. Je vais chez le coiffeur d'en face me faire pousser du blé sur le reste.

QUELLE CHANCE !

Nasr Eddin a trouvé un fer à cheval sur son chemin et il revient chez lui tout heureux en le brandissant pour le montrer à tout le monde.

- Regarde cette chance que j'ai ! crie-t-il à son voisin qui est sur le pas de sa porte.

- Je suis étonné de ta joie, Nasr Eddin. Je ne savais pas qu'un homme comme toi était superstitieux.

- Je ne suis pas superstitieux, il y a seulement que si j'en trouve encore trois et que si je trouve aussi un cheval, finie la marche à pied !

LA LETTRE

Un paysan est venu demander à Nasr Eddin de lui écrire une lettre pour son frère qui habite Sivri-Hissar, la ville voisine.

Une fois que Nasr Eddin a terminé, l'homme lui demande de la relire pour voir s'il a bien dit tout ce qu'il voulait.

- " Chère femme... ", commence le Hodja.

- Je n'écris pas à ma femme, l'interrompt aussitôt le paysan. Je t'ai dicté " Cher frère "... Fais donc un peu attention !

- Ah oui, excuse-moi : " Cher frère, ma vache Aïcha est morte..."

- Holà, Nasr Eddin ! Quelle est cette mauvaise plaisanterie ? C'est ma cousine Aïcha qui est morte, pas ma vache !

- Oh, écoute, s'impatiente le Hodja, si tu voyais comme c'est mal écrit !

- Mais tu viens de l'écrire toi-même !

- Suffit, tranche Nasr Eddin. Après tout, cette lettre ne m'est pas destinée et ce serait très impoli de ma part de lire ce qu'il y a dedans.

LA VENTE DU CHEVAL

Étant tombé dans la pauvreté, Nasr Eddin se résigne à aller vendre son cheval au marché. Il en demande cent dinars mais il ne trouve pas d'acheteur. En fin d'après-midi cependant, un paysan se présente, qui lui en propose la moitié, cinquante dinars.

- Je crois que je vais accepter ton offre, lui répond le Hodja, car, tu le sais, j'ai besoin d'argent. Il y a une chose cependant qui me soucie...

- Laquelle ?

- Eh bien, vois-tu, il se fait tard et je me demande si je vais trouver un acheteur pour l'autre moitié du cheval.

LE PARI

Nasr Eddin se montrant à l'aise dans toutes les circonstances, plusieurs de ses amis désirent le mettre à l'épreuve :
- Hodja, nous allons faire un pari avec toi. Nous parions que tu n'es pas capable de passer la nuit sans chauffage sur la grand-place.

L'épreuve proposée est rude et même dangereuse car c'est l'hiver et, la nuit surtout, il fait un froid à fendre les pierres.
- Pari tenu ! répond sans hésiter le Hodja. Quel est l'enjeu ?
- Si tu gagnes, nous t'offrons un grand repas et si tu perds, c'est toi qui régaleras tout le monde. Mais attention, nous avons bien convenu "sans feu" !

Et c'est ainsi que les gens du village, bien au chaud chez eux, voient brûler toute la nuit la petite bougie que Nasr Eddin a allumée auprès de lui pour montrer qu'il est bien là à se geler.

Le lendemain matin, à l'aube, Nasr Eddin est presque mort de froid lorsque les parieurs se précipitent sur lui :
- Hodja, tu as perdu ! Nous avions dit que tu devais rester sans feu et toi tu t'es chauffé à la bougie.
- Je ne me suis pas chauffé avec cette bougie ! proteste-t-il. C'était juste pour vous faire voir que j'étais bien là.

- Non, non, tu t'es chauffé. Nous avons gagné notre pari.

Là-dessus d'autres personnes arrivent, qui donnent également tort à Nasr Eddin, lequel est bien obligé de s'avouer vaincu, et il invite tout le monde à manger pour le lendemain soir.

En entrant chez lui, les invités sont surpris et déçus : il n'y a rien sur la table et surtout, pas la moindre odeur appétissante.

- Ne vous inquiétez pas , leur fait Nasr Eddin en les accueillant, c'est en train de cuire.

Il les fait entrer dans la cuisine, où ils découvrent une étrange installation : une énorme marmite est suspendue par un crochet au-dessus d'une minuscule bougie allumée.

- Hodja, quelle est cette plaisanterie ? On ne peut pas faire cuire avec une bougie !

- Et pourquoi pas, chers amis ? Si une bougie a pu me chauffer moi tout entier, elle pourra bien le faire de quelques morceaux de mouton.

LA SCIENCE EST DANS LE TURBAN

Un marchand vient de recevoir une lettre écrite en persan, langue qu'il ne connaît pas. Il se rend donc chez Nasr Eddin, qui a la réputation d'être très savant.

- Le salut sur toi, Hodja ! Je viens te demander de me lire cette lettre écrite en persan.

- En persan ! s'exclame Nasr Eddin. Mais mon pauvre ami, je ne connais pas un seul mot de persan !

- Comment cela? fait l'autre, étonné et déçu. Tu te permets de te pavaner partout coiffé d'un turban de savant gros comme une citrouille et tu ne connais même pas le persan !

Alors Nasr Eddin ne fait ni une ni deux : il empoigne son turban à deux mains et l'enfonce jusqu'au menton sur la tête du marchand en lui criant :

- Tiens, le voilà, le turban ! Lis donc toi-même !

UN ÂNE RÉCIDIVISTE

Nasr Eddin se rend au marché pour s'acheter un nouvel âne, l'ancien venant de mourir. Il choisit donc une bête jeune qui n'est pas trop chère, il la paie au vendeur et le voici reparti chez lui en la tirant par le licol.

Il marche pensivement, très absorbé par le souvenir de son vieux compagnon parti au paradis des ânes. C'est ce qu'ont bien vite remarqué deux jeunes voleurs qui le suivent sur la route en se cachant.

Profitant d'un moment où le Hodja s'est un peu éloigné seul pour satisfaire un besoin naturel dans un petit bois, l'un d'eux se met à la place de l'animal en se passant la longe autour du cou cependant que l'autre s'enfuit avec.

- Je ne suis pas un âne, déclare le garçon lorsque le Hodja revient, je suis un homme, comme tu le vois. Un jour, quand j'étais enfant, j'ai fait une bêtise et cela a fâché ma mère, qui était sorcière. Pour me punir elle m'a changé en âne pour dix ans, et le délai vient juste de se finir. Laisse-moi rentrer à la maison, je t'en supplie !

Nasr Eddin s'apitoie sur son sort et naturellement le laisse aller, sans pouvoir récupérer son argent.

Le lendemain, il retourne au marché pour s'acheter un autre âne mais dès qu'il arrive, il aperçoit celui de la veille proposé à la vente. Il le reconnaît bien avec cette étoile blanche qu'il a sur le front.

Il s'approche et lui tapant affectueusement sur le cou :

- Mon pauvre ami ! lui murmure-t-il à l'oreille. Comment se fait-il qu'à peine rentré chez toi tu aies à nouveau fait fâcher ta mère ?

DEUX CONTRE DEUX

Nasr Eddin est entrain de manger un petit casse-croûte avec son fils au bord de la rivière lorsque l'enfant, par maladresse, laisse tomber son pain dans l'eau et se penche pour le récupérer.

- Père, viens-vite ! appelle-t-il en voyant sa propre image reflétée par la surface. Il y a un enfant dans l'eau qui m'a volé mon pain !

Le Hodja se précipite aussitôt et, se penchant lui aussi, s'écrie :

- Misérable vieillard ! Tu n'as pas honte de laisser ton fils voler le mien ?

COMMENT RECONNAÎTRE CE QUI EST À SOI

Au cours d'un voyage, Nasr Eddin doit passer la nuit dans une hôtellerie.

Le lendemain matin, ayant encore beaucoup de chemin à faire, il se lève très tôt, bien avant les autres clients, et il se rend à l'écurie où son cheval a été mis parmi beaucoup d'autres. Mais comment le reconnaître là-dedans, dans cette obscurité ?

- Au feu, au feu ! crie-t-il alors le plus fort possible. Descendez vite, il y a le feu à l'écurie ! Au feu, au feu !

Tout le monde se lève précipitamment et fonce vers l'écurie pour récupérer sa monture et la sauver de là. En quelques instants, c'est chose faite.

- Mon cheval est donc celui-ci ! constate alors Nasr Eddin en s'approchant du seul cheval qui reste.

LES TRAVAUX DU MATIN

Il fait si froid ce matin à l'aube que Nasr Eddin et sa femme ne sont pas pressés de sortir du lit.

- Eh, Khadidja, lève-toi donc, paresseuse ! Va voir s'il pleut encore, comme hier soir.

- Regarde comme le chat fait sa toilette, mon ami, tu sauras que oui.

- Bien, alors va rallumer le feu.

- Tu ne vois pas qu'il y a encore des braises dans la cheminée. Il sera bien temps d'y jeter un peu de fagot tout à l'heure.

- Quelle merveilleuse ménagère ! s'écrie le Hodja. Tu réussis à t'acquitter de tes deux premières tâches sans même avoir besoin de te lever. Aussi, je ne doute pas que tu vas exécuter aussi bien de ton lit la troisième...

- Laquelle, mon mari ?

- Traire la vache à distance !

QUI EST INVITÉ ?

Ayant appris que le cadi organisait chez lui une grande réception, Nasr Eddin s'y rend sans même juger bon de s'habiller autrement que d'habitude. Ni le maître de maison ni ses serviteurs, tout occupés avec les invités importants, ne portent attention à ce bonhomme pauvrement vêtu d'un djubbé tout rapiécé et d'un turban à la propreté douteuse, et les plats passent et repassent devant lui sans que personne ne le serve.

Au bout d'un moment, le Hodja repart et va chez lui pour mettre le beau caftan brodé qu'il a ramené d'Istanbul et son plus gros turban, d'une blancheur immaculée.

Cette fois-ci, dès qu'il arrive, les serviteurs s'empressent autour de lui pour lui offrir à manger. Alors il empoigne un grand plat de poulet au citron servi sur du riz et lentement, avec délices, devant les nombreuses personnes présentes, il se déverse le tout sur la tête en disant l'air gourmand :

- Tiens, mange, mon turban ! Mange, mon caftan ! Régalez-vous !

Le cadi a vu la scène et il se précipite, furieux :

- Hodja, quel est ce scandale ? Es-tu venu ici pour gâcher ma fête ?
- Au contraire, cadi, je suis venu régaler mes habits puisque ce sont eux que tu as invités.

LE VERRE DE THÉ

Un homme très avare, qui se flatte de compter Nasr Eddin parmi ses relations, l'invite une fois à prendre le thé mais il lui en sert une très petite quantité dans un verre immense, pour faire croire aux personnes présentes que le Hodja a été généreusement traité.
- Qu'on apporte une corde ! s'écrie Nasr Eddin, et qu'on me l'attache autour des reins.
- Par Allah ! Tu déraisonnes, s'inquiète aussitôt son hôte.
- Je suis prudent au contraire : suppose que je tombe au fond du verre, comment feras-tu pour me sortir de là ?

Ces paroles font éclater de rire l'assistance et l'homme, vexé, veut aussitôt rétablir la situation à son avantage. Il va chercher un tout petit verre et il le remplit de thé à ras bord.
- Es-tu satisfait cette fois-ci ? Tu es généreusement servi.
- Qu'on m'apporte une corde ! crie à nouveau le Hodja, et qu'on l'attache autour du verre.
- Arrête, Nasr Eddin ! Tu es fou !
- Mais as-tu songé que je risquais de l'avaler ? Comment feras-tu alors pour me le sortir de l'estomac ?

LES CHOSES UNE PAR UNE

- Nasr Eddin, j'ai besoin d'œufs, va m'en chercher au marché, lui commande sa femme.

Le voilà parti aussitôt et peu après il revient avec un œuf.

- Comment ! s'étonne-t-elle, tu ne me rapportes qu'un seul œuf !

- Hé, fille de l'oncle, tu ne m'as pas dit qu'il en fallait plusieurs.

- Mais que veux-tu que je fasse avec un seul œuf ? Il m'en faut davantage. Retourne au marché.

Le Hodja repart et il en ramène un autre.

- Par Allah ! s'emporte Khadidja, mais quelle idée as-tu de faire les choses une par une ? Tu ne sais pas encore qu'on mesure les œufs au moins par demi-douzaines ?

Et Nasr Eddin court en chercher quatre de plus. Mais quinze jours plus tard, Khadidja tombe malade :

- Oh ! mon mari, je me sens très mal. J'ai besoin d'un médecin. Va vite en chercher un.

Le Hodja ne revient qu'après un long moment, suivi de plusieurs personnes.

- Que faisais-tu donc ? Tu as été bien long, lui fait remarquer sa femme

qui a l'air mal en point.
- Réjouis-toi, Khadidja. Cette fois-ci, j'ai suivi ton conseil et je t'ai ramené la demi-douzaine d'un coup. Voici le médecin et puis voici le pharmacien, voici le marchand de graines de moutarde pour le cas où il te faudrait un cataplasme. J'ai également convoqué le marchand de bois car un bon feu te sera agréable. Il y a aussi l'imam qui va prier pour ta guérison, et puis, on ne sait jamais, j'ai aussi amené le croque-mort.

LE GRAND NETTOYAGE

Un jour que sa femme s'est mise à laver son linge au bord de la rivière, tandis que Nasr Eddin s'occupe à tendre la corde entre deux arbres, un gros oiseau tout noir se jette sur le morceau de savon et l'emporte dans son bec.

- Sale bête ! Maudit corbeau ! s'écrie Khadidja en levant le poing vers le voleur.

- Mais laisse donc, ma femme, fait le Hodja, c'est normal, c'est une colombe.

- Une colombe ? Qu'est-ce que tu racontes ? Une colombe toute noire ?

- Justement, Khadidja, elle a beaucoup plus besoin que nous de se laver.

VOCATION PRÉCOCE

Pendant toute sa vie, le père de Nasr Eddin a exercé la profession de menuisier.

Étant parvenu à l'âge de raison, son fils se met à le regarder travailler pendant des heures dans son atelier et le père en conclut bien vite qu'il a trouvé sa vocation : être menuisier comme lui.

Un jour qu'il est en train de planter des clous dans une planche, opération que le petit suit avec beaucoup d'attention, il lui demande :
- Ça t'intéresse, n'est-ce pas, mon garçon ? Tu regardes comment je m'y prends pour enfoncer des clous ?
- Pas du tout, père, répond l'enfant. J'attends seulement de voir ce que tu vas dire quand tu vas te taper sur les doigts.

CALCUL MENTAL

Le petit Nasr Eddin apprend à compter à l'école mais le maître a beau lui répéter encore les règles les plus élémentaires, il n'y comprend rien.

- Prenons une opération très simple, mon enfant : deux plus deux égalent...

- Je ne sais pas, maître.

- Prenons encore plus simple : tu poses deux et tu retires deux. Que reste-t-il ?

- Je ne sais pas, maître.

- Mais si tu le sais ! Supposons qu'en venant à l'école, tu aies deux billes dans ta poche...

- Oui, maître.

- Et puis, sans que tu t'en aperçoives, elles tombent par terre toutes les deux. Que constates-tu quand tu fouilles dans ta poche ?

- Qu'il y a un trou dedans, maître.

LA PRÉVOYANCE D'ALLAH

- Maître, je voudrais te demander quelque chose qui me préoccupe...

C'est un élève de la Mederse qui vient ainsi parler à Nasr Eddin après le cours d'instruction religieuse.

- Maître, j'ose à peine formuler ma question. J'ai peur qu'elle ne te déplaise.

- Ne crains rien. Parle.

- Voici : comment se fait-il qu'Allah, qu'on appelle le Tout Prévoyant et le Tout Compatissant, ait salé l'eau de la mer ? De quelle utilité elle serait pourtant pour les marins, pour les marchands, pour les voyageurs, si elle était buvable !

- Tu as raison, mon fils, mais tu n'as pas pensé que si Allah n'avait pas salé l'eau de la mer, les poissons qu'il y a mis le cinquième jour de la Création n'auraient pas pu s'y tenir bien conservés depuis le temps ?

LA RÉPONSE D'ALLAH

La vache de Nasr Eddin est morte et il passe ses journées à prier devant le cadavre. L'imam, à qui on rapporte la chose, trouve que cela n'est pas convenable.

- Hodja, que fais-tu ? Tout le monde au village est choqué par ton comportement.
- Mais pourquoi donc ? Quel mal y a-t-il à prier Allah le Tout Puissant pour qu'Il me ressuscite ma bête ?
- Et tu crois vraiment qu'Il va te répondre ?
- Ton manque de foi m'étonne, imam. Tu devrais savoir qu'Allah répond toujours à ceux qui l'appellent.

Décontenancé, le religieux s'en va mais quand il revient le lendemain il trouve le Hodja assis et abattu dans un coin de l'étable.

- Alors, Nasr Eddin, Allah t'a-t-il répondu ?
- Oui, c'est non.

UN ÉLÈVE TROP INTELLIGENT

Lorsque Nasr Eddin était encore un enfant, il posait souvent des questions très embarrassantes à son maître d'école qui, le plus souvent, ne savait pas quoi répondre.

Un jour, celui-ci, vexé à la longue d'être ainsi mis en difficulté devant ses autres élèves, lui assène une sévère mise en garde :

- Ne fais donc pas tant le malin avec moi et respecte-moi davantage. D'ailleurs tu sauras que les élèves trop intelligents deviennent la plupart du temps de véritables imbéciles quand ils sont adultes.

- Oh, maître, quel excellent élève tu as dû être !

JUSQU'OÙ VA L'AMOUR POUR SON SEIGNEUR

Saisi d'un doute, malgré la présence constante de Nasr Eddin auprès de lui, Timour lui demande un jour :

- Dis-moi, bouffon, est-ce que tu m'aimes ?

- Ô seigneur, je t'aime comme un pauvre paysan aime l'homme le plus puissant du Monde...

- Certes, mais réponds-moi de façon plus précise. Par exemple, accepterais-tu de mourir pour moi ?

- Ô grand Emir! De toute façon, si je ne le faisais pas de moi-même, tes merveilleux bourreaux s'en chargeraient, tu n'as pas d'inquiétude à avoir.

- Tes réponses sont trop vagues, s'impatiente Timour. Je veux que tu me donnes une preuve convaincante. Ainsi, si je te dis : Hodja, lève-toi et vas te jeter dans le lac, obéirais-tu ?

- Sans aucun doute, mais il faudrait que tu me laisses réaliser un désir très ancien avant de mourir.

- Je ne pourrais pas le refuser à un fidèle serviteur comme toi. Qu'est-ce que ce serait ?

- Apprendre à nager.

LES POUVOIRS DE NASR EDDIN

Il y avait auprès de Timour Leng un homme que Nasr Eddin détestait particulièrement à cause de sa méchanceté : c'était le commandant de sa garde. L'antipathie était réciproque.

Un jour qu'il avait fait fouetter un innocent, Nasr Eddin l'aborda et lui annonça pour le troubler :

- Ismaïl, j'ai consulté les étoiles à ton sujet, et ta mort est prévue pour demain.

L'autre ricana et haussa les épaules, mais il se trouva que le lendemain il fit une chute de cheval et se tua sur le coup.

Timour en fut très triste et surtout inquiet car il y vit la preuve que son bouffon Nasr Eddin avait bien, comme on le prétendait, un don de devin et des pouvoirs magiques. Il décida donc de le tuer.

Il convoque le Hodja, lequel en entrant dans la salle du trône comprend tout de suite la gravité de la situation : il se trouve encerclé de soldats farouches et le tyran, qui a sa tête des mauvais jours, se tient devant lui, un grand sabre à la main.

- Approche, chien malfaisant. Puisque tu es devin, tu as dû prévoir le jour de ta mort...

- Oui, Seigneur, ce devait être aujourd'hui justement...
- Pourquoi dis-tu cela ? Te prétends-tu assez puissant pour l'éviter ?
- Oui, Seigneur.
- Et comment donc ? fait Timour en levant son arme.
- Très simple, Seigneur : dans les étoiles j'ai vu aussi que ta mort était prévue le lendemain de la mienne.

De colère, Timour jeta son sabre et s'en alla, laissant la vie sauve à son bouffon.

UN SUPPLICE DANGEREUX

Un jour, Timour-Leng est tellement en colère des insolences de son bouffon Nasr Eddin qu'il le condamne à mort.

- J'ai inventé pour toi un supplice qui te fera sentir ma puissance : je vais te faire piétiner par mon éléphant.

- Seigneur, répond calmement le Hodja, voilà une merveilleuse idée. Ce doit être un plaisir que de mourir sous les pieds d'une bête aussi splendide. Permets-moi cependant de te dire que ce supplice a l'inconvénient d'être très dangereux.

- C'est bien ce que je veux, espèce d'idiot !

- Je veux dire dangereux pour l'éléphant. Je suis tellement maigre depuis que je suis à ton service et mes os sont tellement pointus que si la bête s'en enfonce un bout dans le pied comme une écharde, elle va beaucoup souffrir. Ton général en chef au contraire est bien gras et ton éléphant pourrait s'amuser à le piétiner sans aucun danger.

LES ÂNES ET LES BŒUFS

Nasr Eddin fait une petite promenade à travers champs en compagnie de l'imam et du cadi, lesquels aiment bien s'amuser des idioties du Hodja.

Le religieux qui vient de recevoir quelques plaisanteries d'un goût douteux, voyant un bœuf à quelque distance, lance à Nasr Eddin :

- Tiens, voici un de tes semblables ! Va donc le saluer.

Nasr Eddin se rend auprès de la bête, lui chuchote quelques mots à l'oreille, et celle-ci lui répond, semble-t-il. Bref, ils ont ensemble une petite conversation, puis Nasr Eddin revient, l'air tout content.

- Alors, Hodja, as-tu réussi à le faire rire ? Il paraît que les bœufs sont très intelligents...

- C'est ce que j'ai constaté en effet, répond Nasr Eddin, car il m'a dit : "Oh ! frère ! Pourquoi t'abaisses-tu à te promener avec des ânes ?"

POURQUOI VEND-ON SON ÂNE ?

Nasr Eddin a décidé de se débarrasser de son âne et il se rend au marché pour le vendre. Quelques acheteurs entourent aussitôt l'animal pour l'examiner mais celui-ci ne se laisse pas faire : il veut mordre celui qui lui regarde les dents, il donne un coup de pied à celui qui vérifie l'état de ses sabots, puis il se met à braire stupidement pendant cinq bonnes minutes. Après quoi, il se couche carrément par terre, bien décidé à ne plus bouger jusqu'au soir.

- Eh, Nasr Eddin, que viens-tu nous proposer là ? s'emporte l'un des paysans. Ton baudet est un vicieux ...

- Oui, en vérité, une sale bête... poursuit un autre.

- Un insupportable braillard !

- Un paresseux !

- Et sale avec ça !

- Eh, Ouallahi ! s'écrie Nasr Eddin excédé, taisez-vous donc ! Tout ce qu'il est, je le sais mieux que vous, et c'est bien pour cela que je veux le vendre !

QUESTION DE RESPECT

Au lieu de monter sur son âne pour se déplacer, Nasr Eddin marchait à côté de lui. Cela ne manquait pas d'étonner les gens du village qui, à vrai dire, trouvaient stupide cette manière de faire.

- Mais à quoi te sert donc d'avoir un baudet ? ne peut s'empêcher de lui demander un jour un voisin. Tu ne crois pas qu'il est assez robuste pour te porter ? Il a l'air en pleine santé.

- Sans aucun doute, répond le Hodja, mais celui-là, tu ne le connais pas. Si je lui monte dessus, il va s'imaginer que je ne sais pas marcher comme lui et il va me mépriser.

ALLAH EST SANS PITIÉ !

Après une très mauvaise récolte, Nasr Eddin est tombé dans la pauvreté. Il a à peine de quoi nourrir sa famille et il devrait normalement se séparer de son âne qui lui rend pourtant bien des services.

Mais voici qu'une excellente idée va lui permettre de résoudre la difficulté : il suffira de diminuer un tout petit peu chaque jour la ration de l'animal, qui est bien trop stupide pour s'apercevoir de ce changement progressif et pour protester.

Le Hodja fait donc ainsi pendant plusieurs semaines jusqu'au jour où naturellement la bête finit par mourir de faim.

Lorsqu'il découvre le cadavre de l'animal un matin en entrant dans l'écurie, il laisse éclater sa colère :

- Ô Allah ! Tu es vraiment sans pitié pour les pauvres. Tu me reprends mon âne juste au moment où il s'était habitué à ne rien manger !

LA MORT DE NASR EDDIN

Nasr Eddin se promène dans la campagne lorsqu'il sent soudain que la mort l'a frappé. Aussitôt il se couche sur le chemin en se disant que quelqu'un ne tardera pas à passer par là et ira annoncer la nouvelle au village.

Mais au bout de deux heures, personne n'est encore passé. Très mécontent, presque vexé qu'on ait aussi peu d'égards pour un mort, il se lève et rentre chez lui.

- Khadidja, annonce-t-il à sa femme, prépare tes vêtements de deuil : je viens de mourir. Tu trouveras mon corps sur la route du lac, à côté de la vieille mosquée.

Et le voilà reparti pour l'endroit où la mort l'a surpris.

Khadidja se rend alors elle-même immédiatement chez l'imam :

- Imam, je t'annonce qu'à partir de maintenant, je prends le deuil. Mon mari est mort et son corps se trouve sur la route du lac, à côté de la vieille mosquée.

- Nasr Eddin est mort ! s'étonne le religieux. Ce matin encore, je l'ai vu marcher aussi vite qu'un jeune homme. En es-tu bien certaine ?

- Absolument sûre et certaine : il est venu me l'annoncer lui-même !

PETIT LEXIQUE

- ***Bazar*** *: grand magasin où on trouve un peu de tout.*
- ***Allah*** *: Dieu, pour les Musulmans.*
- ***Cadi*** *: Juge.*
- ***Caftan, djubbé*** *: vêtements portés au Moyen-Orient.*
- ***Dinar, aktché*** *: Unités de monnaie, comme chez nous le franc.*
- ***Hammam*** *: Etablissement de bains en Turquie.*
- ***Hodja*** *: Maître d'école. C'est le titre qu'on donne souvent à Nasr Eddin.*
- ***Imam*** *: Chef religieux, chargé notamment de diriger la prière à la mosquée.*
- ***Mederse*** *: Université religieuse.*
- ***Mosquée*** *: Edifice religieux où les Musulmans viennent prier, comme les Chrétiens à l'église ou les Juifs à la synagogue.*
- ***Pilaf*** *: Plat à base de riz.*
- ***Tchaïkhané*** *: Mot turc signifiant " Salon de thé ". Comme un café chez nous mais on n'y boit pas d'alcool, dont la consommation est interdite chez les Musulmans.*
- ***Timour-Leng (ou Tamerlan)*** *: Grand conquérant tartare du 14ème siècle. Il conquit, entre autres, la Turquie. Selon la légende, Nasr Eddin devint alors son bouffon.*

SOMMAIRE

Achevé d'imprimer par Jouve à Mayenne
en Octobre 1997.
Dépôt légal à parution.